COLLECTION

P.-J. MÈNE

DESSINS

AQUARELLES

1899

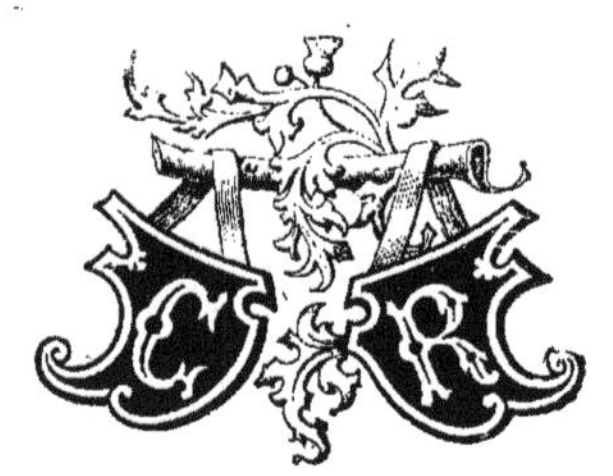

DESSINS
AQUARELLES

CONDITIONS DE LA VENTE

Elle sera faite au comptant.

Les acquéreurs payeront cinq pour cent en sus des enchères.

M. Paul Roblin se réserve la faculté de rassembler ou de diviser les lots.

MM. les amateurs pourront visiter la collection des dessins, 65, rue Saint-Lazare, du Lundi 13 au Jeudi 16 Février 1899.

CATALOGUE

DE

DESSINS

ET

AQUARELLES

DES

PRINCIPAUX ARTISTES DE CE SIÈCLE

ŒUVRES

DE

ANDRIEUX, BELLANGÉ, CHARLET, DELACROIX
GAVARNI, GÉRICAULT, LES ISABEY
JACQUE, HENRY MONNIER, PILLE, PILS, RAFFET, TROYON, LES VERNET
YVON, ETC., ETC.

COMPOSANT L'IMPORTANTE COLLECTION DE

P.-J. MÈNE

Dont la Vente aux Enchères publiques

AURA LIEU

HOTEL DES COMMISSAIRES-PRISEURS, RUE DROUOT, 9
Salle N° 6

Les Lundi 20 et Mardi 21 Février 1899, à 2 heures

Par le Ministère de **M⁰ PAUL CHEVALLIER**, Commissaire-Priseur
RUE GRANGE-BATELIÈRE, 10

Assisté de **M. PAUL ROBLIN**, Marchand d'Estampes
RUE SAINT-LAZARE, 65

EXPOSITION PUBLIQUE

LE DIMANCHE 19 FÉVRIER 1899
de 2 heures à 5 heures 1/2, Salles N°ˢ 5 et 6

ORDRE DES VACATIONS

Numéros.

	Numéros.
Lundi 20 Février 1899.	1 à 160
Mardi 21 Février 1899	212 à 315
— —	161 à 211
— —	316

L'ordre numérique sera suivi.

DESSINS

ANDRIEUX (A.)

1. — *Le Garde national endormi, tenant un journal :
« Le Réveil des Patriotes ».*

> Aquarelle.
> Signée.   (H., 0,20. — L., 0,17.)

2. — *Carabinier à cheval partant en reconnaissance. —
Le Repos au pied de la tente. — La Conversation.*

> Trois aquarelles.
> Signées.

3. — *Scènes militaires. — Études de soldats.*

> Dix dessins.
> Deux sont signés.

BELLANGÉ (HIPPOLYTE).

4. — *Officier d'Infanterie à la tête d'un régiment, 1856.*

> Au crayon noir avec rehauts d'aquarelle.
> Signé, avec dédicace.
>   (H., 0,33. — L., 0,25.)

BELLANGÉ (Hippolyte).

5. — *Croquis militaires. — Scène de cabaret.*

Dix dessins, plusieurs par E. Bellangé.

BÉRANGER (Ch.)

6. — *Une Perdrix rouge, morte.*

Aquarelle.
Signée avec dédicace.   (L., 0,14. — H., 0,10.)

BOUGUEREAU (William).

7. — *Dante et Virgile aux Enfers.*

A la plume, lavé d'encre de Chine.
Signé.
                              (H., 0,24. — L., 0,19.)

BRASCASSAT (Jacques-Raymond).

8. — *Deux têtes de béliers.*

A la sanguine.   (L., 0,21. — H., 0,20.)

CHAM

9. — *Respect au maître.*

Aquarelle.
Signée, avec dédicace.   (H., 0,18. — L., 0,15.)

CHARLET (Nicolas-Toussaint).

10. — *Le Garde national en faction, scène humoristique.*

> Aquarelle.
> Signée.   (H., 0,20. — L. 0,13.)

11. — *La Mort du voltigeur (guerre d'Espagne).*

> Aquarelle.
> Signée.   (H., 0,18. — L., 0,14.)

12. — *Enfants en prière dans l'intérieur d'une église.*

> Aquarelle.   (H., 0,18. — L., 0,15.)

13. — *Napoléon à cheval, consultant une carte; pre-mière pensée de la lithographie (Napoléon à Iéna). (La C. 10.)*

> A la mine de plomb, lavé de sépia.
>   (L., 0,36. — H., 0,31.)

14. — *Le Repos pendant l'étape.*

> Aquarelle.
> Signée.   (L., 0,22. — H., 0,14.)

15. — *Le Maître d'école, deux variantes de la même composition.*

> A la mine de plomb, avec rehauts de sépia.

16. — *Il est cinq heures, la clôture, appuyé, scène humo-ristique.*

> Aquarelle.
> Signée et avec la légende écrite de la main du maître.
>   (H., 025. — L., 016.)

CHARLET (Nicolas-Toussaint).

17. — *Cuirassier. — Voltigeur. — Le Voltigeur ivre.*

> Trois dessins et croquis rehaussés d'aquarelle.

18. — *Le Vieillard et les Deux Enfants. — Croquis de Gardes nationaux et de Lancier.*

> Deux dessins rehaussés d'aquarelle, le second signé.

19. — *Costumes alsaciens. — Costumes militaires autrichiens.*

> Deux feuilles de croquis à la mine de plomb avec quelques rehauts d'aquarelle.

20. — *La Méditation, deux variantes de la même composition.*

> Deux dessins à la sépia et à la mine de plomb.
> Signés.

21. — *Voilà l'ordre et la marche... — Le Marchand de légumes. — Le Balayeur. — Le Départ du village.*

> Quatre dessins à la sépia.
> Deux sont signés et le premier porte la légende écrite par le maître.

22. — *Grenadier de la garde royale. — Deux Lanciers polonais de la garde impériale.*

> Deux dessins au crayon noir rehaussé de sanguine.
> Ont été lithographiés (Lacombe 117-123).
>
> (H., 0,29. — L., 0,19).

CHARLET (Nicolas-Toussaint).

23. — *La Mise en batterie. — Artillerie au galop*.

> Deux esquisses au crayon noir, dont un rehaussé de sanguine. Au verso de l'un, une lettre autographe de Charlet.
>
> (H., 0,23. — L., 034).
> (H., 0,37. — L., 0,30),

24. — *Grenadier croisant la baïonnette*.

> Beau croquis à la pierre noire rehaussée de sanguine.
>
> (H., 0,34. — L., c,26).

25. — *Voltigeurs*.

> Beau croquis à la pierre noire.
>
> (H., 0,31. — L., 0,23).

26. — *Tête et Costumes de hussards*.

> Deux dessins au crayon noir, dont un rehaussé de sépia.
>
> (H., 0,21. — L., 0,29.)
> (H., 0,23. — L., 0,23.)

27. — *Costume de Gestan, modèle*.

> Deux croquis au crayon noir sur la même feuille.
>
> (H., 0,26. — L., 0,21.)

28. — *Tête d'homme. — Étude de cheval monté par un palefrenier*.

> Deux belles études à la pierre noire rehaussée de craie sur papier bleu.
>
> (H., 0,26. — L., 0,22.)
> (H., 0,32. — L., 0,27.)

CHARLET (Nicolas-Toussaint).

29. — *Route de Bayonne à Orthez. — Habitation dans les montagnes.*

> Deux aquarelles.   (H., 0,24. — L., 031,)

30. — *Costumes de Basquais et Basquaises. — Paysages.*

> Sept croquis au crayon et à l'aquarelle sur cinq feuilles

31. — *Deux Feuilles d'études : Vieillard assis sur un banc; Trois Têtes d'expression.*

> A la sépia.

32. — *Études de Chinois. — Jeune Garçon urinant.*

> Trois aquarelles.

33. — *Le Champ de blé. — Le Ravin. — La Plaine. — Malfaiteurs en embuscade.*

> Quatre sépias.
> La première signée.

34. — *La Prière. — L'Indication. — Les Joueurs. — Croquis militaires. — Têtes d'expression, etc.*

> Douze dessins et croquis.

35. — *Soldat en prière. — La Misère. — Le Vieux Berger. — Têtes d'expression et scènes diverses.*

> Onze dessins et croquis.

36. — *Costumes militaires.*

> Cinq croquis au crayon noir dont un rehaussé de sépia.

CHARLET (NICOLAS-TOUSSAINT).

37. — *Études et croquis militaires.*

Cinq dessins au fusain et à la pierre noire.

38. — *Études de femme.*

Trois dessins au crayon noir et à la sépia.

39. — *Moulins. — Paysages. — Études d'arbres.*

Cinq dessins au crayon noir et à la sépia.

40. — *Sujets d'album.*

Cinq croquis au crayon rehaussé de sépia.

41. — *Costumes de paysans. — Études et sujets militaires.*

Douze croquis au crayon noir, deux sont rehaussés de gouache.

42. — *Sujets d'enfants.*

Six croquis au crayon noir dont un rehaussé de sépia.

43. — *Études de chevaux et sujets d'enfants.*

Cinq dessins sur trois feuilles.

CICÉRI (EUGÈNE).

44. — *La Reine-Blanche (forêt de Fontainebleau) 1848.*

Aquarelle.
Signée et datée.   (L., 0,24. — H., 0,17.)

COGNIET (Léon).

45. — *Buste de la République, 22 octobre 1870. — Chatte allaitant ses petits, 1869. — Feuille de croquis, 1852.*

> Trois dessins.
> Signés, deux avec dédicaces.

DAUMIER (Honoré).

46. — *Collection le Moniteur. — Un Avocat plaidant. — Tête de femme. — Croquis.*

> Six petits dessins à la plume et au crayon noir; on y a joint une gravure sur bois, même sujet que le premier croquis.

DAUZATS.

47. — *Réception de Louis-Philippe sous l'Arc de Triomphe de l'Étoile, aquarelle, les figures exécutées par Victor Adam. — Sortie d'audience aux Tuileries?, les figures par Bayot (aquarelle incomplète).*

> Deux aquarelles. (L. de la première, 0,35. — H., 0,26.)

DAVID (Louis).

48. — *Deux Prisonniers. — Tête d'homme.*

> Deux dessins à la plume.

DECAMPS (Alexandre-Gabriel).

49. — *L'Ane dans les broussailles. — Une Italienne. — La Jeune Mère portant son enfant. — Paysage.*

> Quatre dessins à la mine de plomb et au crayon noir. Cachets de vente de l'atelier du maître.

DELACROIX (Eugène).

50. — *Grande feuille contenant dix études de Tigres. — Autre feuille contenant quatre têtes de Tigres.*

> A la plume, le premier avec quelques rehauts d'aquarelle, le second porte le cachet de vente de l'atelier du maître.

51. — *Deux Chevaux dans une écurie. — Croquis pour « la Barque du Dante ».*

> Deux dessins rehaussés d'aquarelle. Cachets de vente de l'atelier du maître.

52. — *Études pour la « Barque du Dante » : le Dante, figure nue et drapée, Masque, croquis de deux damnés s'accrochant à la barque.*

> Six dessins à la plume et au crayon noir, cachets de la vente du maître.

53. — *Études de lions et de tigres.*

> Huit dessins à la plume et à la mine de plomb, cinq avec le cachet de vente de l'atelier du maître.

54. — *Études pour le « Massacre de Scio », la « Barque du Dante », etc.*

> Quatorze dessins à la plume et à la mine de plomb, cachets de vente de l'atelier du maître.

DELACROIX (Eugène).

55. — *Études et croquis pour la « Barque du Dante », le « Massacre de Scio », etc.*

Vingt-sept dessins et croquis. Cachets de vente de l'atelier du maître.

56. — *Études d'écorchés d'animaux.*

Dix-sept dessins à la plume et à la mine de plomb. Cachets de vente de l'atelier du maître.

DIAZ (Narcisse).

57. — *Jeune Femme se levant.*

A la mine de plomb.
Signé d'initiales avec dédicace.

(H., 0,22. — L., 0,17.)

DUPRÉ (Jules).

58. — *Intérieur de cour de ferme à Pont-Remy (Somme), 1833.*

Au crayon noir.
Signé et daté.   (L., 0,50. — H., 0,37.)

FLERS (Camille).

59. — *Bords de rivière. — Vue prise à Pont-l'Evêque, 1840.*

Deux dessins à la mine de plomb avec rehauts de gouache.
Signés.

FOUSSEREAU.

60. — *Combat entre des Hussards français et autrichiens.
— Charge de Cuirassiers français, 1842. —
Guide de la garde, 1853.*

Trois dessins à la mine de plomb et à la plume, rehaussés d'aquarelle.
Signés et datés.

GAVARNI.

61. — *Les Invalides de Terpsichore : Ancien petit amour.
— Première nymphe de Flore.*

Deux dessins à la plume lavés de sépia ; on y a joint les reproductions sur bois par Gerard.

62. — *Jeune Femme demie-nue, regardant par sa mansarde. — Type de la rue. — Une étude de main.*

Trois dessins, le premier rehaussé de sanguine, le second est signé, et le troisième porte la mention suivante : *Gavarni certifié véritable, Henry Monnier.*

63. — *Croquis d'homme vu de dos et tenant un soufflet.*

Au crayon noir. Croquis de Gavarni. — Henry Monnier.
Signé : A. Mène.

(H., 0,310. — L., 0,14.)

64. — *Lesueur, acteur.*

A la mine de plomb.
Signé.

(H., 0,19. — L., 0,12.)

GÉRARD (Baron).

65. — *L'Amour embrassant Psyché, première pensée du tableau du musée du Louvre.*

A la plume, lavé d'encre de Chine.

(H., 0,16. — L., 0,10.)

GÉRICAULT (Théodore).

66. — *La Charge des cuirassiers.*

Aquarelle.
Signée et datée : 1822.   (L., 0,22. — H., 0,17.)

67. — *Cheval pie attelé se dirigeant vers la droite.*

Aquarelle.   (L., 0,24. — H., 0,19.)

68. — *Scène de bataille (guerres du 1er Empire).*

Au crayon noir et sanguine.   (L., 0,29. — H., 0,23.)

69. — *Soldat français marchant au combat.*

Au crayon noir et à la sanguine.

(H., 0,27. — L., 0,23.)

70. — *Tête de hussard, faite à Arras en 1824.*

A la mine de plomb.   (H., 0,21. — L., 0,15.)

71. — *Trois Études sur une même feuille d'une femme implorant.*

A la plume. Au *verso* un *Paysage*, aquarelle.

(L., 0,29. — H., 0,22.)

GÉRICAULT (THÉODORE).

72. — *Combat entre Français et Autrichiens.*

> A la plume, lavé de sépia.   (L., 0,27. — H., 0,18.)

7 3. — *Combat entre quatre soldats français et un dra-*
gon prussien. — Trompette de lanciers. —
Carabinier. — Voltigeur. — Portrait de
femme avec trois enfants.

> Sept dessins à la plume, mine de plomb et sanguine.

74 — *Marche de Silène. — Cheval attaqué par un lion.*
— Scène de l'Inquisition. — Le Taureau abattu.
— L'Arabe pleurant son coursier. — Cavaliers,
costume Renaissance, etc.

> Onze dessins à la plume et à la mine de plomb.

75. — *Chevaux attaqués par un lion. — Arabe pleurant*
son coursier. — Joueur de biniou. — Feuille de
44 croquis de têtes. — Croquis divers.

> Quatorze dessins à la plume et à la mine de plomb.

76. — *Études et croquis de chevaux, paysage, études de*
lion. — Anatomie du cheval, etc.

> Dix-huit dessins à la plume et à la mine de plomb.

GRANDVILLE (J.-J.-I.)

77. — *Maison de campagne ambulante. — Ouvriers au*
milieu d'engins de guerre.

> Deux dessins; le premier est une lithographie à la
> plume rehaussée d'aquarelle.

GRANET (M.)

78. — *Réception triomphale du duc d'Angoulême à Madrid?*

A la sépia.   (Larg., 0,20. — H., 0,17.)

GRÉVIN (A.)

79. — *Costumes de théâtre. — Croquis de femmes.*

Huit dessins à la plume.
Signés.

GROS (Baron).

80. — *Fragment du combat de Nazareth (Musée de Nantes).*

A la plume.
On y a joint un dessin représentant Junot. Copié d'après la gravure de Jazet.

(L., 0,29. — H., 0,19.)

GUDIN (Théodore).

81. — *Marines, 1840-1843.*

Trois dessins à la sépia.
Signés et datés.

GUÉRIN (Pierre-Narcisse).

82. — *Achille retiré dans sa tente. — La Roche tarpéïenne.*

Deux dessins à la plume et au crayon noir.

GUILLEMIN (A.)

83. — *Portrait-charge, 1840.*

> A la mine de plomb, avec rehauts de sanguine et de gouache.
> Signé et daté.   (H., 0,24. — L., 0,18.)

ISABEY (J.-B.)

84. — *Portrait de l'architecte Bellangé.*

> Très beau dessin au lavis de sépia.
> Signé.
>   (H., 0,17. — L., 0,14.)

85. — *Portraits-charges de Ciceri et d'Horace Vernet.*

> Deux dessins au lavis de sépia.
> Signés.   (H., 0,26. — L., 0,20.)

ISABEY (Eugène).

86. — *Maisons en bois à Dieppe, 3 juillet 1851.*

> A la mine de plomb lavé d'aquarelle, daté.
>   (L., 0,28. — H., 0,25.)

87. — *Barques à voile ballottées par la tempête, 1864.*

> Au fusain aves rehauts de gouache.
> Signé des initiales de l'artiste.
>   (L., 0,26. — H., 0,17.)

88. — *Pignon de maison à Anvers. — Croquis et détails de bateaux et barques à voiles.*

> Sept dessins.
> Signés des initiales de l'artiste.

JACQUE (CHARLES).

89. — *Les Chevaux dans l'écurie.*

Beau et important dessin.
Au crayon noir avec rehauts de blanc.

(L., 0,39. — H., 0,28.)

90. — *Les Deux Cochons dans l'étable.*

Au crayon noir avec rehauts de gouache.
Signé.

(L., 0,29. — H., 0,20.)

91. — *La Paysanne dans la porcherie, 1846.*

Au crayon noir.
Signé et daté.

(L., 0,27. — H., 0,19.)

92. — *Le Paysage à la mare.*

Au crayon noir.

(L., 0,17. — H., 0,12.)

93. — *La Chaumière entourée d'arbres.*

Très beau dessin.
Au crayon noir.

(L., 0,28. — H., 0,14.)

94. — *Compositions pour les « Chouans », et les « Chansons de Béranger ». — Paysages.*

Sept dessins.

LAMI (EUGÈNE).

95. — *Officier de lanciers.*

A la mine de plomb, rehaussé d'aquarelle.
Signé.

(L., 0,30. — H., 0,25.)

LAMI (Eugène).

96. — *Défilé de cavalerie circassienne devant l'empereur de Russie (Nicolas II)? — Lancier. — Voltigeurs.*

Trois dessins.

LEHNERT (Frédéric).

97. — *Les Deux Cerjs et la Biche. — La Louve et ses Petits.*

Deux dessins à la plume, rehaussés d'aquarelle.
Signés.

(L., 0,14. — H., 0,10.)

LE POITEVIN (Eugène).

98. — *Acteur en costume Louis XIII, dans deux rôles. — Feuille de rébus, 6 mars 1857.*

Trois dessins, deux rehaussés et signés du monogramme de l'artiste.

LORSAY (Eustache).

99. — *Portrait de Ferville, acteur.*

A la mine de plomb.
Signé des initiales.

(H., 0,20. — L., 0,14.)

100. — *Portrait en pied d'un acteur dans deux rôles différents, 1848.*

Deux dessins à la mine de plomb, très finement exécutés.
Signés et datés.

(H., 0,22. — L., 0,14.)

LUNA (Victor de).

101. — *Hussard en vedette. — Cuirassier en vedette.
1865.*

    Deux aquarelles.
    Signées et datées.

MADOU (Jean-Baptiste).

102. — *Une mauvaise plaisanterie, 1876.*

    Jolie aquarelle finement traitée.
    Signée et datée. Elle est accompagnée d'une lettre autographe de l'artiste à Henry Monnier.

(L., 0,14. — H., 0,12.)

MARSAUD (Alf.)

103. — *Jeune Femme habillée étendue sur son lit.*

    A la mine de plomb.
    Signé, avec dédicace.   (L., 0,22. — H., 0,19.)

MONNIER (Henry).

104. — *Bouffé, dans Jean, rôle du Maître de danse.*

    Deux dessins sur une feuille, à la plume et à l'aquarelle.
    Signé des initiales. 1828 et 1873.

(H., 0,16. — L., 0,15.)

105. — *La vedette écossaise (Walter Scott).*

    A la sépia.
    Signé *Henry Monnier, 1829.*

(H., 0,25. — L., 0,20.)

MONNIER (Henry).

106. — *Trois Croquis sur une feuille.*

Beau dessin au crayon noir rehaussé d'aquarelle.
Signé : *A Mène. Bagne de Toulon. Henry Monnier,
1833.*

(H., 0,29. — L., 0,21.)

107. — *Perlet, acteur.*

Très belle aquarelle.
Datée et signée 1835. (H., 0,28. — L., 0,16.)

108. — *Gustave en disponibilité. — L'Attente de Pau-
line.*

Deux petits dessins à la plume rehaussés d'aquarelle.
Signés et datés 1836.

(H., 0,15. — L., 0,11.)

109. — *Albéric Second, en pied, regardant une estampe.*

A la mine de plomb rehaussé d'aquarelle.
Signé et daté 1839.

(H., 0,15. — L., 0,10.)

110. — *Le Solliciteur, 14 octobre 1839. — Portrait
d'homme, Nîmes, février 1844. — Études
d'hommes assis, 1845.*

Quatre dessins à la mine de plomb, deux lavés d'encre
de Chine.
Signés et datés.

111. — *Tête d'homme, 2 avril 1845. — Deux Études
d'homme, dont un assis dans un fauteuil, juillet 1840. — Croquis d'homme riant, 1854.*

Trois dessins à la mine de plomb, le second rehaussé
d'aquarelle.
Signés et datés.

MONNIER (HENRY).

112. — *Costumes de prêtres.*

> Deux dessins au crayon noir.
> Signés et datés 1846.

113. — *Portraits d'hommes.*

> Deux dessins au crayon, dont un rehaussé d'aquarelle.
> Signés et datés 1er avril 1854, nov. 1849.

> (H., 0,14. — L., 0,10.)

114. — *Duo de cuisinières.*

> Très belle aquarelle.
> Signé : *A Mène, Henry Monnier, 1850,*

> (H., 0,18. — L., 0,14.

115. — *Curé de campagne accompagné de son vicaire et de sa servante visitant une vieille paysanne assise devant son rouet.*

> Très beau dessin à la plume et au crayon, rehaussé
> de gouache et d'aquarelle.
> Signé : *HenryMonnier 1852, à Mène 71.*

> (H., 0,24. — L., 0,24.)

116. — *Un Suisse. — Garçon boulanger. — Cuisinière. — Sujets d'enfants. — Études de femmes.*

> Huit dessins au crayon noir et à l'aquarelle.
> Signés et datés. *14 july 52; Dieppe, 29 mai 1856; 24 août 1846, 1874.*

117. — *Paysanne belge.*

> Belle aquarelle.
> Signée : *Bruxelles 1853. Henry Monnier.*

> (H.. 0,25. — L., 0,17.)

MONNIER (Henry).

118. — *Paysan Belge.*

> Belle aquarelle.
> Signée : *Bruxelles 1853. Henry Monnier.*
>
> > (H., 0,23. — L., 0,16.)

119. — *Huguet et Brasseur dans le « Roman chez la por-*
tière.» — Mme Desjardins. — Souvenir de Saint-
Lazare. — Breton de Pont-l'Abbé. — Études
pour acteurs et actrices.

> Onze dessins au crayon noir.
> Signés et datés 1853, 1862. Septembre 1862, 1866.

120. — *Portraits de Henry Monnier et de Joseph Prud-*
homme.

> Sept beaux dessins à la plume, au crayon et à l'aqua-
> relle.
> Signés et datés 1854, 1858, 1871, 1872. On y a joint
> deux autographes.

121. — *« Je maintiens mon dire. Si Bonaparte avait*
voulu rester lieutenant d'artillerie il serait
encore sur le trône. C'est l'ambition qui l'a
perdu, et pas aut'chose. »

> Important dessin au crayon noir rehaussé d'aquarelle.
> Signé : *Henry Monnier à son ami Mène, septembre*
> *1855.*
>
> > (H., 0,30. — L., 0,21.)

122. — *Delannoy, acteur. — Autre acteur.*

> Deux dessins à l'aquarelle.
> Signés et datés, 1856, 1864.

MONNIER (Henry).

123. — *Groupes de plusieurs personnages.*

Six dessins à la plume rehaussés d'aquarelle et d'encre de Chine.
Signés et datés, 1856,1867,1869.

124. — *Portraits d'hommes.*

Sept dessins à la plume, au crayon noir et à l'aquarelle.
Datés et signés, 1856, 1867, 1869, 1870. Rouen, 24 juillet 1871.

125. — *Paysages.*

Deux aquarelles.
Signées, l'une est datée de 1859.

(H., 0,15. — L., 0,21.)
(H., 0.17. — L., 0,14.)

126. — *Costumes d'acteurs dans différents rôles.*

Sept dessins à l'aquarelle.
Signés et datés 1859, 1866.

127. — *Cuisinière tenant un soufflet. — Femme assise. — Jeune Fille coiffée d'un large chapeau. — Femme assise vue de profil.*

Quatre dessins au crayon noir et à l'aquarelle.
Signés et datés : septembre 1860, 4 août 1874.

128. — *Le Petit Prodige, réunion de onze personnages.*

Belle composition à la plume et à l'aquarelle.
Signé : *A mon ami Mène, Henry Monnier, 1862.*

(H., 0,15. — L., 0,20.)

MONNIER (HENRY).

129. — *Portrait de Henry Monnier, en buste, de profil.*

> Au crayon noir.
> Signé : *Henry Monnier, 1863. On y a joint un autre portrait, de profil, report sur papier Bry, 1860.*
>
> (H., 0,24. — L., 0,16.)

130. — *Un Roman chez la portière.*

> A la plume. Lavé d'encre de Chine.
> Signé : *A mon ami Mène, Henry Monnier, 1863.*
>
> (H., 0,14. — L., 0,18.)

131. — *« Le Bonhomme avait les pieds à l'eau quand Madame Duriquet arriva avec sa tiaulée d'enfants chez un grand-oncle de son mari. »*

> A la plume.
> Signé : *A Mène, Henry Monnier, 1864.*
>
> (H., 0,15. — L., 0.23.)

132. — *Soirée bourgeoise, le Déclamateur, composition de vingt figures.*

> A la plume, lavé d'aquarelle.
> Signé et daté 1864.   (L., 0,27. — H., 0,10.)

133. — *Études et Croquis.*

> Cinq dessins au crayon noir et à l'aquarelle.
> Signés et datés 1864, 1865, 1869. On y a joint un autographe.

134. — *Jeune Femme lisant. — Vieux Médecin. — Paysan assis. — Deux Femmes.*

> Quatre dessins à la plume, rehaussés d'aquarelle, dessinés d'après nature à la gare et en wagon, de Paris à Angers.
> Signés et datés, avril 1865.   (H., 0,14. — L., 0,09.)

MONNIER (Henry).

135. — *L'acteur Préville. — Henry Monnier.*

Deux dessins au crayon noir dont un rehaussé de sépia.
Signés et datés; juin 1866, 1870.

(H., 0,23. — L., 0,17.)

136. — *Un Tribunal. — MM. les Jurés.*

Deux dessins au crayon noir et à la plume rehaussés
de sépia.
Signés : l'un, *A Mène, Henry Monnier.*
(H., 0,10. — L., 0,24.)
(H., 0,20. — L., 0,18.)

**137. — *Tête d'acteur, 5 octobre 1866. — Têtes faites
en voiture à Fontainebleau, 16 septembre
1869. — Homme assis, de profil à gauche,
avril 1862. — Homme assis et méditant, 1869.***

Cinq dessins.
Signés et datés.

138. — *Portrait et groupes de plusieurs personnages.*

Six dessins à la mine de plomb et à la plume, rehaussés
d'aquarelle.
Signés et datés, 1866 et juillet 1873.

139. — *L'Antichambre, composition de dix figures.*

A la plume, rehaussé d'aquarelle.
Signé avec dédicace.

(L., 0,22. — H., 0,18.)

140. — *Scènes d'intérieurs.*

Cinq dessins à la plume et au lavis d'encre de Chine,
quatre sont rehaussés d'aquarelle.
Signés et datés, 1869, 1874,

MONNIER (Henry).

141. — *Petits Paysans. — Jeune Fille à marier.*

> Deux dessins à la plume et à l'aquarelle, un est signé :
> *A mon ami Mène, Henry Monnier, 1869.*
>
> (H., 0,18. — L., 0,13.)

142. — *Le Bain de pieds.*

> A la plume.
> Signé : *A l'ami Mène, Henry Monnier, 1869.*
>
> (H., 0,20. — L., 0,15.)

143. — *L'Attente, Composition de sept personnages.*

> Très belle esquisse peinte.
> Signé : *A mon ami Mène, Henry Monnier, 1869.*
>
> (H., 0,18. — L., 0,21.)

144. — *L'Attente. Composition de neuf personnages.*

> A la plume, lavé d'encre de Chine et rehaussé de gouache.
> Signé : *A mon ami Mène, Henry Monnier 1869.*
>
> (H., 0,22. — L., 0,28.)

145. — *L'Attente, composition de dix personnages.*

> A la plume, lavé d'encre de Chine et rehaussé de gouache.
> Signé : *Henry Monnier à son ami Mène, 1869.*
>
> (H., 0,19. — L., 0,20.)

146. — *Les Grisettes. Suite de un titre et quinze compositions in-8°.*

> Très belles aquarelles, commencées en 1829, terminées ou plutôt reprises en 1869.
> Signées. (H., 0,22. — L., 0,17.)

MONNIER (Henry).

147. — *Une discussion.*

Au crayon noir rehaussé d'aquarelle.

(H., 0,21. — L.; 0,17.)

148. — *Salon d'attente. Réunion de quatorze personnages.*

Très belle esquisse peinte.
Signé : *Henry Monnier, 1869.*

(H., 0,20. — L., 0,23.)

149. — *Une Bourgeoise.*

A la plume, rehaussé d'aquarelle.
Signé : *A Mène Henry Monnier, 1869.*

(H., 0,21. — L., 0,16.)

150. — *A la campagne par un temps de pluie.*

A la plume et au crayon noir.
Signé : *Henry Monnier, 1869.*

(H., 0,17. — L., 0,22.)

151. — *Le Bas-Bleu, composition de huit figures.*

A la plume, rehaussé d'aquarelle.
Signé et daté, 1869.

(L., 0,21. — H., 0,15.)

152. — *Monsieur et Madame Adolphe, 5 janvier 1870.*

Aquarelle signée, avec dédicace.

(H., 0,23. — L., 0,17.)

153. — *Lafontaine, vétérinaire à Contrexéville. — Le
Dʳ Treville. — Vieille Paysanne. — Jeune
Homme assis.*

Cinq croquis, un daté : 1ᵉʳ juillet 1870.

MONNIER (Henry).

154. — *Mort!... Mort! Je suis mort!*

Dessin à la plume et à l'aquarelle.
Signé : *Henry Monnier, 1870.*

(H., 0,23. — L.. 0,14.)

155. — *Garde national assis.*

A la mine de plomb.   (L., 0,19. — H., 0,16.)

156. — *La Conversation, composition de six figures.*

A la plume, rehaussé d'encre de Chine.
Signé et daté, avec dédicace, 1870.

(H., 0,23. — L., 0,15.)

157. — *Portraits de Henry Monnier.*

Trois dessins et deux reports sur pierre.
Signés et datés, 1870, 1873, 1874.

158. — *Médecin, membre de plusieurs sociétés savantes, chevalier de la Légion d'honneur, candidat perpétuel.*

Beau dessin à la plume rehaussé de gouache et d'aquarelle.
Signé : *Henry Monnier, mai 1871.*

(H., 0,17. — L., 0,12.)

159. — *Une Conversation. Groupe de trois personnages et deux chiens.*

Plume et aquarelle.
Signé : *A l'ami Mène. Henry Monnier, août 1871.*

(H., 0,24. — L., 0,20.)

MONNIER (HENRY).

160. — *Un Chanteur de salon, composition de huit personnages.*

Très beau dessin à la plume, rehaussé de gouache et
d'aquarelle.
Signé : *Henry Monnier, 1871. 21 septembre 1871.*
(H., 0,29. — L., 0,24.)

161. — *Un Chanteur de salon.*

Beau dessin à la plume, rehaussé de gouache et d'a-
quarelle.
Signé : *A l'ami Mène, 71, Henry Monnier.*
(H., 0,29. — L., 0,23.)

162. — *Chez un photographe.*

Beau dessin au crayon noir et à la plume rehaussé
d'aquarelle.
Signé : *Henry Monnier, 1871.*
(H., 0,20. — L., 0,14.)

163. — *Cabinet de dentiste.*

Beau dessin à la plume, rehaussé d'aquarelle.
Signé : *A Mène. Henry Monnier, 1871.*
(H., 0,17. — L., 0,20.)

164. — *Mascarille dans les Précieuses ridicules.*

Trois compositions différentes à l'aquarelle.
Signées : *Henry Monnier, 1871*

165. — *Réunion d'hommes d'État.*

Beau dessin à la plume, rehaussé de gouache et
d'aquarelle.
Signé : *A. Mène. Henry Monnier, 1871.*
(H., 0,16. — L., 0,13.)

MONNIER (Henry).

166. — *Un Financier.*

> Très beau dessin à la plume, lavé d'encre de Chine et rehaussé de gouache et d'aquarelle.
> Signé : *Henry Monnier. Rouen 1871.*
>
> (H., 0,23. — L., 0,115.)

167. — *Portrait de Henry Monnier, représenté à mi-corps, tenant un album ou se trouve écrit Collection Mène.*

> Très beau dessin au crayon noir rehaussé d'aquarelle.
> Signé : *Henry Monnier, 1871.*
>
> (H., 0,27. — L., 0,19.)

168. — *Une Grosse Dame.*

> Très beau dessin à la plume et à l'aquarelle.
> Signé : *Henry Monnier, 1871.*
>
> (H., 0,25. — L., 0,21.)

169. — *Études de chiens.*

> Trois petits dessins à la plume, deux sont rehaussés d'encre de Chine.

170. — *Messieurs de la fabrique.*

> A la plume et au crayon noir rehaussé de gouache et d'aquarelle.
> Signé : *19 janvier 1872, à l'ami Mène. H. M.*
>
> (H., 0,23. — L., 0,27.)

171. — *Prix d'hébètement.*

> A la plume et au crayon noir, lavé d'encre de Chine et rehaussé de gouache.
> Signé : *Henry Monnier, 1872, 11 mars.*
>
> (H., 0,19. — L., 0,23.)

MONNIER (Henry).

172. — *En gare.*

A la plume et au crayon noir, lavé d'encre de Chine et rehaussé de gouache.
Signé : *8 juin 1872. Henry Monnier. A l'ami Mène.*

(H., 0,30. — L., 0,23.)

173. — *Une Gare de province, composition de onze personnages.*

Beau dessin à la plume et au lavis d'encre de Chine.
Signé : *Henry Monnier, 15 juillet 1872.*

(H., 0,22. — L., 0,35.)

174. — *La Salle d'attente, composition de neuf personnages.*

Important dessin à la plume, au crayon noir lavé d'aquarelle et rehaussé de gouache.
Signé : *Henry Monnier (25 juillet 1872).*

(H., 0,30. — L., 0,37.)

175. — *A la campagne par un temps de pluie.*

A la plume et au crayon noir rehaussé d'aquarelle.
Signé : *10 août 1873, à l'ami Mène, Henry Monnier.*

(H., 0,16. — L., 0,25.)

176. — *Les Rafraîchissements, composition de dix personnages.*

Très beau dessin à la plume et à l'aquarelle rehaussé de gouache.
Signé : *A Mène, Henry Monnier, 11 septembre 1873.*

(H., 0,15. — L., 0,24.)

MONNIER (Henry).

177. — *Vieillard dans son fauteuil, lisant.*

Beau dessin à la plume et au crayon, rehaussé de gouache et d'aquarelle.
Signé : *A l'ami Mène, Henry Monnier, 1872 24 septembre.*

(H., 0,22 — L., 0,16.)

178. — *A la campagne.*

Lithographie retouchée à la plume et rehaussée d'aquarelle.
Signé : *A l'ami Mène, Henry Monnier.*

(H., 0,17. — L., 0,23.)

179. — *Un Conteur, composition de cinq personnages réunis dans un salon.*

A la plume et au crayon rehaussé de sépia.
Signé : *Henry Monnier, 1872. A. P. J. Mène.*

(H., 0,18. — L., 0,15.)

180. — *Une lecture dans un salon, composition de treize personnages.*

Beau dessin à la plume et à l'aquarelle.
Signé : *A Mène, Henry Monnier, 1872.*

(H., 0,18. — L., 0,25.)

181. — *Foyer de la Comédie-Française.*

Important dessin à la plume, lavé de bistre et rehaussé d'aquarelle.
Signé : *A Mène, Henry Monnier, 1872.*

(H., 0,22. — L., 0,28.)

MONNIER (Henry).

182. — *Foyer de la Comédie-Française.*

> Très beau dessin à la plume rehaussé d'aquarelle.
> Signé des initiales de l'artiste.
>
> (H., 0,21. — L., 0,24.)

183. — *Costumes de Romains (Comédie-Française). Cinna.*

> Cinq dessins rehaussés d'aquarelle.
> Signés, 1872.

184. — *Groupe de cinq personnages.*

> A la plume rehaussé d'aquarelle.
> Signé : *A. Mène, Henry Monnier, 1872.*
> (On y a joint un billet autographe.)
>
> (H., 0,17. — L., 0,14.)

185. — *Costumes de Valets et de Seigneurs.*

> Cinq dessins à la plume et à l'aquarelle.
> Signés et datés 1872.

186. — *Un Monsieur satisfait, composition de six personnages.*

> Très beau dessin à la plume et à l'aquarelle.
> Signé : *A Mène, Henry Monnier, 14 juin 1873.*
>
> (H., 0,23. — L., 0,18.)

187. — *Une Discussion.*

> Beau dessin à la plume, lavé de sépia et rehaussé de gouache et d'aquarelle.
> Signé : *Henry Monnier, 18 juin 73.*
>
> (H., 0,22. — L., 0,13.)

MONNIER (Henry).

188. — *Trompe-l'œil.*

A la plume et à l'aquarelle, rehaussé de gouache.
Signé : *A Mène, Henry Monnier, 22 août 73.*

(H., 0,20 — L., 0,20.)

189. — *Feuille de croquis, danseurs et bourgeois assis.*

A la plume et au crayon.
Signé : *Henry Monnier, 28 août 1873.*

(H., 0,14. — L., 0,23.)

190. — *Groupe de six personnes réunis dans un salon.*

Beau dessin à l'aquarelle.
Signé : *A Mène, Henry Monnier, 1873, 22 septembre.*

(H., 0,22. — L., 0,15.)

191. — *Groupes de personnages.*

Deux dessins à la plume, lavés de bistre et rehaussés de gouache.
Signé : *A Mène, Henry Monnier, 2 décembre 1873.*

(H., 0,18. — L., 0,13.)

192. — *Monsieur Joseph Prudhomme.*

Quatre dessins, deux sont signés et rehaussés d'aquarelle.

193. — *Café militaire.*

Trois dessins à la plume, lavés de bistre et deux rehaussés d'aquarelle.
Signés : *Henry Monnier, 1873.*

MONNIER (Henry).

194. — *Réunion d'incapacités, 1873. — Un Paillasse. — De Profundis. — Le Dîner d'inspection. — L'Attente du train.*

> Cinq dessins à la plume, légers rehauts d'encre de Chine.
> Signés, datés et avec légendes écrites par l'artiste.

195. — *« Le Ministre de l'Intérieur ne recevra pas lundi mais les lundis suivants. »*

> Beau dessin à la plume et au crayon rehaussé de gouache et d'aquarelle.
> Signé : *à l'ami Mène, Henry Monnier, 1873.*
>
> (H., 0,26. — L., 0,19.)

196. — *Portrait de Henry Monnier, en buste.*

> A la plume.
> Signé. (H., 0,20. — L., 0,13)

197. — *Un Oiseau rare. — Chien couché à côté d'un fauteuil. — Étude de chien.*

> Trois dessins à la plume et à l'aquarelle.
> Signés et datés : 1873.

198. — *Monsieur Prudhomme ? sujet principal entouré de sept petits croquis. — Tête de juge. — La queue des solliciteurs. — Croquis divers.*

> Six dessins, quatre sont signés.

199. — *Portrait d'homme jeune, assis et coiffé d'un chapeau de paille.*

> Aquarelle.
> Signée, avec dédicace. (H., 0,24. — L., 0,14.)

MONNIER (HENRY).

200. — *L'Antichambre, deux compositions différentes.*

A la plume, rehaussées d'aquarelle.
Signées et datées avec dédicaces, 24 juin, 1874.

201. — *En attendant son tour.*

A la plume, lavé d'encre de Chine et rehaûssé de gouache.
Signé : *A Mène, Henry Monnier, 1874.*

(H., 0,22. — L., 0,13.)

202. — *Antichambre, composition de cinq personnages.*

Très beau dessin au crayon noir, rehaussé de gouache et d'aquarelle.
Signé : *A Mène, Henry Monnier, 74.*

(H., 0,29. — L., 0,22).

203. — *" Le Char de l'État navigue sur un volcan".*

Beau dessin à la plume et à l'aquarelle.
Signé : *A Mène, Henry Monnier 1874.*

(H., 0,28. — L., 0,19.)

204. — *Intérieur bourgeois, composition de trois figures.*

Aquarelle.
Signée, avec dédicace.   (H., 0,23. — L., 0,16.)

205. — *La Visite.*

Aquarelle.
Signée et datée, avec dédicace, 1874.

(H., 0,17. — L., 0,13.)

MONNIER (Henry).

206. — *Intérieur bourgeois.*

> Trois dessins à la plume et au lavis d'encre de Chine, deux sont rehaussés d'aquarelle.
> Signés et datés, 1874-1875.

207. — *Croquis. Cinq études de têtes sur une feuille.*

> A la plume et au crayon noir.
>
> (H., 0,35. — L., 0,43.)

208. — *Soldat romain dans la Vestale à Strasbourg. — Croquis, rue de l'Entrepôt, en soirée. — Femme en chemise. — Jeune Garçon tenant une miche de pain. — Joueurs.*

> Six dessins, trois sont signés.

209. — *Croquis d'hommes assis. — Têtes d'hommes.*

> Huit petits dessins à la plume, plusieurs sont signés.

210. — *Croquis divers et lettres autographes.*

> Quinze pièces.

211. — *Portraits de Henry Monnier.*

> Quinze dessins à la plume, au crayon noir et à l'aqua-
> relle. On y a joint un autographe.

PILLE (Henri).

212. — *Composition pour un Menu, 1878.*

> A la plume, rehaussé d'aquarelle.
> Signé.
>
> (H., 0,29. — L., 0,23.)

PILLE (Henri).

213. — *Souvenir du Shah de Perse à Fontainebleau, 1878.*
— *Voilà le Shah. — Scène Louis XV.*

Trois dessins à la plume rehaussés d'aquarelle.
Signés, avec dédicaces.

PILS.

214. — *Carabinier à cheval.*

A la plume, rehaussé d'aquarelle.
Signé.

(H., 0,27. — L., 0,19.)

215. — *Dragon à cheval.*

Au crayon, rehaussé d'aquarelle.

(H., 0,25. — L. 0,19.)

216. — *Deux études de Zouaves, pour son tableau du Salon de 1859 : Zouaves dans une tranchée (Siège de Sébastopol).*

A la mine de plomb, lavé d'encre de chine.

217. — *Croquis militaires.*

Treize dessins à la mine de plomb. Cachets de vente de l'atelier du maître.

218. — *Études de soldats dans une tranchée. — Le Camp de cavalerie. — Études de soldats d'infanterie, artillerie à cheval, etc.*

Quinze dessins au crayon noir et à la mine de plomb. Cachets de vente de l'atelier du maître.

RAFFET (Auguste).

219. — *Croquis pour les enfants, 1825 à 1827.*

Vingt et une feuilles de croquis au crayon noir.

220. — *Études d'après l'antique, 1825-1830.*

Cinq feuilles de croquis au crayon noir.

221. — *Costumes espagnols, 1825-1830*

Quatre feuilles de croquis à l'aquarelle.

222. — *Croquis d'habillements, 1830 à 1835.*

Cinq études au crayon, sur une feuille.

(H., 0,18. — L., 0,24.)

223. — *Études de chevaux, 1830 à 1840.*

Six dessins au crayon noir et aux crayons de couleur.

224. — *Le Beau Chanteur, 1832.*

Croquis au crayon, pour la lithographie décrite sous le n° 356. (Giacomelli : *Et l'amour a pris pour guide un hussard.*)

(H., 0,20. — L., 0,12.)

225. — *Provins (1814) 1832.*

Beau croquis à la plume et au lavis de sépia.
A été lithographié (Gîacomelli, n° 366).

(H., 0,15. — L., 0, 25.)

226. — *L'Œil du maître, 1833.*

Beau croquis à la plume lavé de sépia.
A été lithographié (Giacomelli, n° 372).
Cachet de la vente de l'artiste.

(H., 0,17. — L., 0,24.)

RAFFET (Auguste).

227. — *Les Cartouches, 1834.*

Des Polonais prisonniers, se jetant sur les Prussiens chargés de les escorter, cherchent à les désarmer ou s'emparent de leurs munitions; l'un, à gauche, écarte de la main le fusil d'un soldat qu'il tient à la gorge, le coup part; sur le second plan, un officier à cheval.

Superbe dessin, très énergique, à l'aquarelle.
Signé. A été lithographié (Giacomelli, n° 163).

(H., 0,20. — L., 0,28.)

228. — *La Veille (avant la bataille) 1836.*

Beau dessin à la plume lavé de sépia.
A été lithographié (Giacomelli, n° 419).
Cachet de la vente de l'artiste.

H., 0,13. — L., 0,24.)

229. — *Le Lendemain (après la bataille) 1836.* (Pendant du précédent.)

Beau dessin à la plume lavé de sépia.
A été lithographié (Giacomelli, n° 420).
Cachet de la vente de l'artiste.

(H., 0,13. — L., 0,24.)

230. — *Le Déshérité, 1836.*

Dans un grenier encombré de tableaux, un vieillard, enveloppé d'une robe de chambre, montre à un élégant visiteur une toile encadrée.

Croquis à la plume.
Lithographié dans le journal *l'Artiste* (Giacomelli, n° 148).

(H., 0,10. — L., 0,13.)

RAFFET (Auguste).

231. — *Camp de Compiègne, 1836.*

> Six croquis à la mine de plomb et à l'aquarelle.

232. — *Infanterie autrichienne à Presbourg, 1837.*

> Très beau dessin au crayon noir, rehaussé de sépia.
> Cachet de la vente de l'artiste.
>
> (H., 0.18. — L., 0,27.)

233. — *Sculani, 1837.*

> Croquis au crayon noir, rehaussé de sépia.
> Cachet de San-Donato.
>
> (H., 0,18. — L., 0,23.)

234. — *Forges d'Abinville, 16 juin 1837.*

> Crayon noir lavé de sépia.
> Cachet de San-Donato.   (H., 0,15. — L., 0,20.)

235. — *Maison de paysans tatares. — Maison tatare. — Fondeurs et chargeurs des forges d'Abinville. — Le Pierre premier, bateau à vapeur d'Odessa à Jalta. — Convoi militaire à Jalta. — Poste hongrois. 1837.*

> Six dessins à l'aquarelle, sur papier calque.

236. — *Albanais à Bucharest, 1837.*

> Très belle aquarelle.
> A été lithographié en 1848 (Giacomelli, n° 150.)
> Cachet de San-Donato.
>
> (H., 0,32. — L., 0,22.)

237. — *Croquis pris sur le bateau, mer Noire, 10 août 1837.*

> Deux dessins au crayon et à l'aquarelle.

RAFFET (Auguste).

238. — *Muezin. — Backschsaraï, 13 août 1837.*

    Aquarelle.   (H., 0, 115. — L., 0,165.)

239. — *Paysage. Arabat, 1837.*

    Aquarelle.
    Cachet de San-Donato.   (H., 0,23. — L., 0,33.)

240. — *La Sortie de la mosquée, 1837.*

    Beau dessin au crayon noir.
    Cachet de la vente de l'artiste.
                   (H., 0,28. — L., 18.)

241. *Lesghines d'origine géorgienne, vus de face, de dos et à cheval, 1837.*

    Trois très belles aquarelles.
    Cachet de San-Donato.   (H., 0,29. — L., 0,22.)

242. — *Infanterie russe, Crimée, 1837.*

    Deux aquarelles sur papier calque.

243. — *Cosaques de la ligne du Caucase, vu de dos et de face, 8 et 11 septembre 1837.*

    Deux dessins à l'aquarelle.
    Cachets de San-Donato.   (H., 0,23. — L., 0,18.)
                       (H., 0,32. — L., 0,22.)

244. — *Cosaques de Kouban Odessa, 20 septembre 1837.*

    Deux dessins à la sépia.
    Cachets de San-Donato.   (H., 0,23. — L. 0,33.)

245. — *Le Vieux bazar. Kertsch, 8 octobre 1837.*

    Aquarelle.   (H., 0,11. — L., 0,20.)

RAFFET (Auguste).

246. — *Foire de Giourgewo, 1837.*

Importante composition à la plume, rehaussée de sépia.

(H., 0,23. — L., 0,54.)

247. — *Foire de Giourgewo, 1837.*

Croquis de danseuses à la mine de plomb.
Cachet de San-Donato.

(H., 0,21. — L., 0,30.)

248. — *Tatare Noguï, 3 octobre 1837.*

Aquarelle.
Cachet de San-Donato.　　(H., 0,32. — L., 0,23.)

249. — *Vue du port de Marseille, décembre 1837.*

Important dessin au crayon, rehaussé de sépia.

(H., 0,23. — L., 0,52.)

250. — *4ème hussards, 1837.*

Aquarelle sur papier calque.　(H., 0,24. — L., 0,18.)

251. — *Napoléon (Prusse, 1813).*

Debout, vu de face, la main gauche dans l'ouverture du gilet, l'autre derrière le dos; il porte l'habit des chasseurs de la garde; au fond, un bivouac de grenadiers.

Beau dessin au crayon rehaussé de sépia.
A été gravé pour un album de gravures intitulé *l'Espérance,* et publié par le graveur Alès en 1839.

(H., 0,13. — L., 0,09.)

RAFFET (Auguste).

252. — *Campement de Cosaque, 1841.*

Beau croquis au crayon rehaussé de **sépia**, pour le titre du *Voyage scientifique dans la Russie méridionale et la Crimée*, etc., sous la direction de **M.** Anatole de Demidoff.
Cachet de la vente de l'artiste.

(H., 0,18. — L., 0,14.)

253. — *Étude d'un Voltigeur, 1841.*

Croquis au pastel pour le *Drapeau du 17ᵉ Léger*.
A été lithographié (Giacomelli n° 83).
Cachet de la vente de l'artiste.

(H., 0,30. — L., 0,18.)

254. — *Affaire de Sidi-Brahim, ou du sergent Blandan? 1842.*

Beau croquis au crayon noir.
N° 315 de l'Exposition des œuvres de Raffet (1892).
Cachet de la vente de l'artiste.

(H., 0,20. — L., 0,31.)

255. — *Abyssin, 1842.*

Aquarelle.
Signée.

(H., 0,26. — L., 0,18.)

256. — *Grenadier, 22ᵉ léger, petite tenue, vu de face et de dos. 5 avril 1843.*

Deux études au crayon noir sur la même feuille.
Cachet de la vente de l'artiste.

(H., 0,22. — L., 0,31.)

257. — *Charrette attelée d'un cheval, 1844.*

Crayon noir et pastel.
Signé.

(H., 0,17. — L., 0,26.)

RAFFET (Auguste).

258. — *Derviches debouts et accroupis.*

Étude au crayon noir faite en 1845.
Cachet de la vente de l'artiste.

(H., 0,19. — L. 0,30.)

259. — *Petite Fille gardant un cercueil à la porte de sa maison, 1846.*

Aquarelle.   (H., 0,14. — L. 0,17.)

260. — *Armée espagnole; Artilleurs, grande et petite tenue, 6 et 7 septembre 1846.*

Très belle aquarelle.
Cachet de la vente de l'artiste.

(H., 0,26. — L., 0,35,)

261. — *Carthagène, porte de Murcie 1847.*

Crayon noir rehaussé de sépia et de gouache.
Cachet de San-Donato.

(H., 0,25. — L., 0,35.)

262. — *Académies pour les Catalans sur la Rambla de Barcelone, 1847.*

Deux études au crayon noir.
Ont été lithographiées (Giacomelli, n° 172).
Cachets de la vente de l'artiste.

(H., 0,31. — L., 0,23.)

263. — *Courses de taureaux. Valence, 24 juillet 1847.*

Deux dessins à la plume, rehaussés d'aquarelle.
Cachets de San-Donato.

(H., 0,20. — L., 0,27.)

RAFFET (Auguste).

264. — *Rochers. — Maison de Pêcheur. — Cactus et Vue de l'Alcazar. Trois paysages pris près d'Alméria, 1ᵉʳ août 1847.*

Au crayon noir.
Cachets de San-Donato.   (H., 0,25. — L., 0,36.)

265. — *Costumes espagnols. Séville, 17 octobre 1847. — Marché près d'Alméria, 1ᵉʳ août 1847.*

Deux dessins à la plume et au crayon.
Un porte le cachet de San-Donato.

266. — *Manuel Perez, danseur. Cadix, 21 sept. 1847.*

Belle aquarelle.
Cachet de San-Donato.   (H., 0,36. — L., 0,26.)

267. — *Militaires couchés. — Tête de Catalan. — Danseurs espagnols, 1847.*

Trois croquis au crayon, un est rehaussé de sépia.

268. — *Carrier, dessiné à Châtillon, 1845. — Insurgé, 1848.*

Deux études au crayon noir.
Cachets de la vente de l'artiste.

(H., 0,28. — L., 0,18.)

269. — *Académie d'homme nu : Étude pour la planche des Recruteurs turcs; voyage de Russie, 1848.*

Au crayon noir.
A a été lithographié (Giacomelli, nº 685).

(H., 0,25. — L., 0,19.)

RAFFET (Auguste).

270. — *Costumes du 12ᵉ régiment de hussards hongrois, R. du Palatinat, dessiné à Lambach.*

Plume et aquarelle sur papier calque.

(H., 0,17. — L., 0,16.)

271. — *Le Matin de Novare (Italie), 23 mars 1849.*

Superbe dessin au pinceau et à l'aquarelle.
Signé : Raffet, 1849.

(H., 0,21. — L., 0,31.)

272. — *Adolphe Tosetto, lieutenant aux bersaglieris 1ᵉʳ bataillon. Gênes, 12 août 1849.*

Très beau dessin à la plume et à l'aquarelle fait d'après nature.

(H., 0,31. — L., 0,21.)

273. — *Académie de modèle.*

Au crayon noir.
Signé : Raffet, 1849.
Cachet de la vente de l'artiste.

(H., 0,31. — L., 0,22.)

274. — *Soldat français, vu de dos, dessiné à Civita-Vecchia, 1849.*

A la plume. (H., 0,17. — L., 0,11.)

275. — *Armée autrichienne : détails de costumes et d'armement (infanterie et artillerie), 1849-1850.*

Neuf feuilles de croquis au crayon noir et à la plume.
Cachets de la vente de l'artiste.

RAFFET (Auguste).

276. — *Paysan Italien, 1849. — Génois, 1849. — Marins livournais, 1849. — Soldat espagnol, 6 septembre 1849. — Francfort, 15 février 1849. — Italie, 1849. — Hongrois, 1852.*

Neuf croquis à la plume, au crayon et à l'aquarelle.

277. — *Étude pour Gil Blas (vers 1850).*

Aquarelle.   (H., 0,13. — L., 0,09.)

278. — *Infanterie prussienne, 1851.*

Feuille de croquis, détails de costume et d'armement, au crayon noir rehaussé d'aquarelle.

(H., 0,42. — 0,26.)

279. — *Étude pour le Rêve, 1854.*

Beau dessin à la plume.
Signé.
A été lithographié (Giacomelli n° 86).

(H. 0,21. — L., 0,18.)

280. — *Travailleurs allant à la tranchée. — Travailleurs ouvrant une tranchée. — Siège de Rome, 1854.*

Trois croquis à la plume et à la mine de plomb.
Ont été lithographiés (Giacomelli, 174).

281. — *Costumes militaires; Études faites pour les planches des sapeurs-mineurs. Siège de Rome 1854.*

Huit dessins à la sanguine et au crayon noir.
Ont été lithographiés (Giacomelli, n°s 567-568).
Cachets de la vente de l'artiste.

RAFFET (Auguste).

282. — *Études pour la sortie de la garnison romaine. Siège de Rome, 1854.*

> Huit croquis à la mine de plomb, sur une feuille.
> Ont été lithographiés (Giacomelli, n° 580).
> Cachet de la vente de l'artiste.
>
> (H., 0,22. — L., 0,30.)

283. — *Bains Turcs, à Bude, 1857.*

> Sept dessins ou croquis au crayon et à l'aquarelle.

284. — *Drapeau de zouave, 1859.*

> Croquis à la plume. (H., 0,15. — L., 0,09.)

285. — *Garde impériale du second Empire.*

> Quatorze croquis au crayon noir.

286. — *Croquis divers; Onze dessins.*

> A la mine de plomb, à la plume et à l'aquarelle.

RAFFET (ATTRIBUÉ A).

287. — *Costumes de modes, vers 1830.*

> Neuf aquarelles. (H., 0,18. — L., 0,12.)

288. — *Poissons. — Rochers. — Costumes militaires. Paysage. Quatre dessins.*

> A la mine de plomb.

ROQUEPLAN (Camille).

289. — *Costumes de théâtre. — Études de moulins en Hollande.*

> Cinq dessins à la mine de plomb.
> Trois sont signés.

ROUSSEAU (Philippe).

290. — *Nature morte: Timbale et abricots. — Coin de basse-cour.*

> Aquarelle et dessin au crayon noir.
> Signé. On y a joint une lettre autographe du maître.

SEBRON (Hippolyte).

291. — *Chargement de bois sur un bateau à vapeur.*

> Aquarelle.
> Signée.   (L., 0,34. — H., 0,22.)

SORIEUL.

292. — *Défaite de Quiberon, 1844. — Attaque d'un convoi espagnol, 1841. — Bataille de l'Alma. — Balaclara (Afrique). — Scène d'histoire russe.*

> Six dessins à la plume.
> Quatre sont signés avec dédicace.

4

TROYON (Constant).

293. — *Vache beuglant.*

> Au crayon noir.
> Cachet de vente de l'atelier du maître.

>> (H., o,23. — L., o,16.)

294. — *Vaches dans un pâturage; au premier plan une vache assise.*

> Au crayon noir.
> Cachet de vente de l'atelier du maître.

>> (L., o,31. — H., o,19.)

295. — *Le Troupeau de moutons. — Le Berger au repos. — Les Foins. — Le Troupeau de moutons dans le chemin creux.*

> Quatre dessins au crayon noir.
> Cachet de vente de l'atelier du maître.

VERNET (Carle).

296. — *Télémaque reconnaissant Ulysse? Composition de dix figures.*

> A la sépia.
> Signé.

>> (H., o,28. — L., o,18.)

297. — *La Promenade à cheval.*

> A la sépia.

>> (L., o,3o. — H.. o,22.)

298. — *Jeune Garçon tenant un cheval au repos.*

> A la sépia.

>> (L., o,3o. — H., o,22.)

VERNET (Carle).

299. — *Pièce d'artillerie attelée de quatre chevaux se mettant en marche, escortée par des guides.*

A la plume, lavé d'encre de Chine.
Signé. (L., 0,35. — H., 0,26.)

VERNET (Horace).

300. — *Costumes de modes.*

Onze dessins à l'aquarelle. Plusieurs sont signés des initiales H. V.
(H., 0,16. — L., 0,09.)

301. — *Portraits-charges: de lui-même, de M. Watelet, de M. Du Sommerard et de Cherubini.*

Quatre dessins au lavis de sepia.

302. — *Portrait de Cervantès, 18 août 1849.*

A l'encre de Chine.
Signé et daté. (H., 0,17. — L., 0,15.)

303. — *Tête de hussard. — Portraits-charges, etc.*

Quatre dessins à la plume et au crayon noir.

304. — *Croquis militaires. — Un Attelage de la campagne de Rome. — Chasse au taureau. — Paysage.*

Onze dessins à la plume et à la mine de plomb.
Plusieurs signés des initiales du maître.

VIBERT (J.-G.)

305. — *Deux Enfants de chœur se battant. — Moine quêteur. — Le Cardinal intrigué. — Croquis divers.*

Huit dessins, le premier rehaussé d'aquarelle.

VILLENEUVE.

306. — *Le Petit Pont, 1849.*

A la sépia.
Signé et daté.   (H., 0,18. — L., 0,14.)

VOGEL.

307. — *Cheval de charge attaché, d'après Géricault.*

Aquarelle.
Signée.   (H., 0,20. — L., 0,17.)

VOLLON (Ant.)

308. — *Un Coin de cuisine, 1844.*

Au crayon noir.
Signé d'initiales.   (H., 0,20. — L., 0,13.)

WORMS (Jules).

309. — *Les Lanciers dans un camp, 1859.*

Aquarelle.
Signée.   (L., 0,24. — H., 0,12.)

YVON (Adolphe).

310. — *Napoléon III signant le traité de... — Signature d'un traité en Pologne. — Sujet du moyen âge. — Les Malheureux.*

Quatre dessins, les trois premiers au fusain.
Signés.

311. — *Retraite de Russie. — Batailles. — Croquis de soldats. — Études diverses.*

Onze dessins.

312. — *Grandes études de mains, têtes de militaires français et russes pour ses œuvres peintes.*

Onze dessins.

313. — *Zouaves et fantassins.*

Six dessins au crayon noir, sur papier essence.
Signés.

314. — *Études de soldats et officiers français et russes pour ses tableaux de batailles.*

Treize dessins au crayon noir sur papier essencé.
Signés.

315. — *Prisonnier hongrois. — L'Acteur Mathis. — Napoléon III. — Têtes d'études et charges.*

Treize dessins à la mine de plomb, plusieurs rehaussés d'aquarelle, la plupart signés.

316. — Sous ce numéro, il sera vendu par lots un album figures d'animaux et gravures par Demarteau, et environ soixante-quinze dessins, sujets variés.

Paris. — Typ. Chamerot et Renouard. — 37457.